AVANT-PROPOS

À LA DISCUSSION

D'UNE NOUVELLE LOI

SUR LES FAILLITES

PAR

M. HORACE SAY,

NÉGOCIANT.

PARIS

GUILLAUMIN ET Cie, LIBRAIRES,
ÉDITEURS DU DICTIONNAIRE DU COMMERCE,
Rue St.-Marc, galerie de la Bourse, 5.

CHAMEROT, LIBRAIRE, quai des Augustins, 13.
ET A LA LIBRAIRIE DU COMMERCE, rue Sainte Anne, 71.

1837.

AVANT-PROPOS

A LA DISCUSSION D'UNE NOUVELLE LOI

SUR LES FAILLITES.

Imp. de Félix Locquin,
rue N.-D.-des-Victoires, 16.

AVANT-PROPOS

A LA DISCUSSION

D'UNE NOUVELLE LOI

SUR LES FAILLITES

PAR

M. HORACE SAY,

NÉGOCIANT.

PARIS

GUILLAUMIN ET Cie, LIBRAIRES,
ÉDITEURS DU DICTIONNAIRE DU COMMERCE,
Rue St.-Marc, galerie de la Bourse, 5.

CHAMEROT, LIBRAIRE, quai des Augustins, 13.
ET A LA LIBRAIRIE DU COMMERCE, rue Sainte-Anne, 71.

1837.

AVANT-PROPOS

A LA DISCUSSION D'UNE NOUVELLE LOI

SUR LES FAILLITES.

§ I.

Du mode de procéder à la révision des lois, et exposé des principes qui servent de base à notre législation sur les faillites.

Les grammairiens, a-t-on dit souvent, ne font pas les langues; ils se bornent à enregistrer, avec plus ou moins de méthode et de clarté, les langues faites par l'usage. On pourrait presque dire avec la même raison que les législateurs ne font pas les lois, et qu'ils n'ont d'autre mission que celle d'enregistrer et de formuler avec clarté les principes, les lois auxquelles chaque nation entend se soumettre : lois qui sont ensuite plus ou moins parfaites en réalité, suivant que la nation est plus ou moins avancée en civilisation et qu'elle fait une plus ou moins juste appréciation des principes d'équité auxquels il convient dans un intérêt général, que les intérêts privés se soumettent. En effet, une loi qui serait dans son essence contraire aux principes, aux usages, aux préjugés mêmes de toute une nation, resterait sans application ; la force lui manquerait pour se faire obéir ; ce serait une lettre morte.

L'ensemble d'une législation ne se trouve jamais par le fait en opposition flagrante avec les coutumes et les usages de la nation à laquelle elle est destinée; mais ce qui eût été vrai pour l'ensemble, se réalise cependant pour quelques points; plusieurs dispositions législatives restent sans application; et ce qui est plus grave encore, des usages se continuent ou s'établissent en opposition directe avec la loi. Que faire alors ? Et si l'usage est réellement fondé sur le vœu de tous, qui ne peut être en définitive que la justice, il faut bien réformer, reviser la législation dans les points sur lesquels on lui donne tort en fait dans la pratique. Le premier élément d'une réforme législative est donc en tout temps et en tout pays un examen approfondi des mœurs et des usages de ceux auxquels la loi est destinée.

Les législateurs, dont les lois ont eu quelque portée, se sont toujours en effet conformés à ces principes, soit par suite de réflexions, soit à leur insu; et cela dès le temps même où ils prétendaient dicter leurs lois au nom de quelques puissances surnaturelles.

Mais s'il est une branche de la législation dans laquelle les usages ont été consacrés comme faisant loi, c'est surtout en matière commerciale. A côté de conditions prescrites d'une manière impérieuse pour les transactions civiles, se trouve souvent énoncée cette réserve : qu'il n'est en rien dérogé aux usages du commerce. Lors donc qu'il s'agit de réformer, d'améliorer les lois sur le commerce, le premier travail à faire est une enquête exacte, complète et précise sur ce qui est l'usage, la loi du commerce, relativement aux points que l'on entend réviser, et quelles sont en fait les parties de la législation écrite qui restent sans application, ou dont l'application est éludée dans la pratique.

C'est bien là, dira-t-on, ce que l'on entend faire; mais y réussit-on toujours, et l'enquête est-elle complète ? Il est permis d'en douter en examinant en particulier les projets de loi présentés jusqu'à ce jour pour la révision du livre des faillites et banqueroutes dans notre code de commerce.

On est d'accord généralement sur ce que les principes qui servent de base à notre législation en matière de faillites, sont bons en eux-mêmes. En effet, le commerçant qui cesse ses payemens doit être présumé mauvais administrateur; il est à présumer aussi que l'actif qu'il possède n'est en réalité que la représentation d'une portion seulement de ce qu'il doit; cet actif forme donc le gage, probablement insuffisant, de ses créanciers. L'administration, la gestion de cet actif lui est justement enlevée; il n'est point dépossédé, mais il ne possède qu'à charge de voir payer les dettes. La gestion passe dans les mains de gérans provisoires qui représentent à la fois et le failli et la masse de ses créanciers. On examine l'état des affaires; les créances sont vérifiées, l'étendue du passif fixée et arrêtée; les ressources de l'actif sont évaluées, et c'est alors que les créanciers reconnus sont appelés à délibérer entre eux, à examiner si la conduite du failli est excusable, et si par lui-même il présente encore des garanties morales suffisantes pour qu'on puisse traiter avec lui en sécurité en lui accordant un concordat. Si le failli au contraire a perdu toute la confiance de ses créanciers, si sa mauvaise gestion passée ne peut faire prévoir qu'une gestion plus désastreuse encore dans l'avenir, les créanciers refusent tout arrangement, réunissent leurs intérêts dans un traité commun et forment ainsi le contrat d'union. Ils désignent alors un ou plusieurs mandataires qui, sous la surveillance de la justice, poursuivent la liquidation définitive des affaires, réalisent toutes les valeurs et en partagent le produit entre tous au prorata des créances. Cette liquidation, ces répartitions se font toutefois pour le compte du commerçant failli en diminution de ses dettes, et si les recouvremens venaient à excéder le montant du passif, c'est à lui seul que retournerait l'excédant; il est en quelque sorte héritier de son actif sous bénéfice d'inventaire.

La loi qui régit l'application de dispositions aussi sages, a été établie dans le double but de protéger à la fois les intérêts privés des créanciers et de rechercher en même temps les faits coupables, qu'il pourrait importer à la société entière de voir réprimés et punis. Rédigée à une époque où les troubles politiques avaient développé l'agiotage, où de scandaleuses faillites devenaient un moyen de fortune, où les créanciers étaient le plus souvent victimes d'une escroquerie d'autant plus coupable qu'elle se mettait à l'abri sous la protection réservée aux commerçans malheureux; la loi a été sévère, trop sévère même pour pouvoir être appliquée à ces faillites ordinaires qui, dans une certaine proportion, sont inévitables, alors même que le commerce marche dans un état normal.

Depuis la promulgation du code de commerce, de nombreuses faillites sont restées sans arriver à fin; on a réclamé pendant long-temps une révision de la loi, le gouvernement a fini par répondre à cet appel, et depuis deux ans l'on travaille à cette réforme sans être arrivé encore à un résultat satisfaisant.

En se livrant à une enquête sur l'état actuel des choses, il faudrait examiner d'abord ce qui arrive dans la pratique lorsque les commerçans font de mauvaises affaires et arrêtent ou cessent leurs payemens. Il faudrait ensuite examiner quelles sont les dispositions de la loi qui restent sans application; rechercher alors dans ce nombre celles qui sont en contradiction avec l'intérêt bien compris de ceux auxquels on a entendu donner protection ; et distinguer enfin quels sont ceux des articles qui ne sont éludés que dans un intérêt privé, immoral et en contradiction avec l'intérêt de tous.

§ II.

De la suspension et de la cessation de payemens, et des conséquences de la loi qui fait dépendre l'état de faillite du fait de cette cessation.

La loi actuellement en vigueur ainsi que tous les projets qui ont été présentés pour la remplacer, portent pour première disposition que *Tout commerçant qui cesse ses payemens est en état de faillite*. Il résulte de là que la faillite est un fait qui existe par lui-même, que le jugement déclaratif n'établit pas, et dont ce jugement ne fait que constater judiciairement l'existence. Mais dans l'application, la pratique vient donner tous les jours et continuera probablement toujours à donner un démenti à cette première disposition ; il y a là quelque chose qui mérite une attention particulière de la part de ceux qui élaborent une loi nouvelle.

Voyons donc comment se passent les choses au moment où une mauvaise affaire commerciale se manifeste. Un commerçant arrivant à la triste nécessité d'arrêter ses payemens, réunit d'ordinaire ses créanciers, il leur explique sa position, leur demande de le laisser à la tête de ses affaires, de lui accorder du terme et de recevoir de nouveaux engagemens en échange de ceux devenus exigibles. Lorsqu'il s'agit d'un homme exerçant un commerce régulier, qu'il n'y a pas inconduite notoire de sa part, il est bien rare qu'un arrangement amiable n'ait pas lieu. Cet arrangement se fait de trois manières: le commerçant qui a suspendu ses payemens obtient un traité d'atermoiement, et il est laissé seul à la tête de ses affaires ; ou bien il lui est adjoint des commissaires des créanciers afin de surveiller sa liquidation ; ou enfin il abandonne tout l'actif aux créanciers qui en suivent la liquidation par le moyen de mandataires à eux. Les liquidateurs dans ce cas sont bien encore commissaires des créanciers, mais ils agissent cependant en vertu de la procuration du débiteur. Tout cela n'est certainement pas régulier, mais cela a lieu fréquemment, et alors, malgré la cessation de payemens, le débiteur ne se regarde pas et n'est pas regardé comme étant en état de faillite. Il conserve des droits et une position qui ne sont pas ceux d'un failli ; ainsi la disposition qui porte que *tout commerçant qui cesse ses payemens est en état de faillite* n'est qu'une fiction légale. Ces mots renferment seulement une arme cachée dont on peut faire usage à l'occasion pour revenir sur des faits et des actes consommés, et s'appuyant sur la disposition littérale de la loi, donner un effet rétroactif à la déclaration de faillite.

Malgré les arrangemens pris, comme nous venons de le dire, avec un débiteur en mauvaises affaires, l'espoir d'arriver à une liquidation amiable se trouve souvent déçu. Les rentrées sur lesquelles on avait cru pouvoir compter ne s'effectuent pas ; des poursuites individuelles menacent la personne et les biens du débiteur commun ; la faillite légale se présente alors comme un port dans lequel on se précipite en relâche forcée, conservant, ainsi que nous allons le voir, l'espérance d'en sortir à la première chance favorable, pour se remettre à flots. Dans ce cas, un espace plus ou moins long s'est écoulé entre la suspension de payemens et la déclaration de faillites; le débiteur a été laissé plus ou moins complètement à la tête de ses affaires, et il est impossible de remettre toutes choses au même et semblable état où elles étaient au jour de la suspension de payemens. La loi donne, il est vrai, protection en termes généraux, contre les actes qui auraient été faits en fraude des droits de tous; mais il arrive souvent aussi que certains actes sont intervenus, qui ne sauraient être attaqués comme frauduleux et que cependant il serait dans l'intérêt de la masse de faire tomber; c'est alors que s'introduisent devant les tribunaux ces demandes tendant à faire reporter l'ouverture de la faillite et ses effets à la date de la cessation des payemens. La faillite, dit-on, existait d'après la loi, indépendamment de tout jugement déclaratif, au jour même où les payemens ont cessé; il y avait dès lors faillite quoiqu'elle ne fût pas déclarée; le failli avait perdu tout droit de gestion; il était frappé d'incapacité de traiter pour tout ce qui concernait l'actif formant gage pour ses créanciers; partant les actes qu'il a pu faire postérieurement à cette cessation de payemens sont tous frappés d'une nullité radicale.

La déduction est logique sans doute; mais n'est-on pas constamment forcé de reculer devant ses conséquences ? Comment en effet considérer comme frappé de cette incapacité absolue de gestion, un homme majeur laissé à la tête de ses affaires, qui n'a été interdit par aucun jugement ? Et ne faut-il pas en commerce comme en politique, reconnaître les gouvernemens de fait ?

Il est bon de remarquer, que si l'on assimile les masses de créanciers à des mineurs, quant à la protection à donner à leurs droits, il n'en est pas moins vrai que la plupart du temps, les créanciers d'un commerçant qui cesse ses payemens sont en totalité gens majeurs et ayant capacité de traiter pour eux-mêmes. La cessation de payemens d'un commerçant ne saurait rester un mystère pour ses créanciers; et si ce commerçant n'est pas mis, soit sur assignation, soit par suite de sa propre déclaration, en état de faillite ouverte, c'est que les créanciers ne l'ont réellement pas voulu; ils ne peuvent en définitive s'en prendre qu'à eux-mêmes, et ils se sont par le fait rendus complices de leur débiteur dans l'infraction à la disposition de la loi qui impose l'obligation de faire déclaration au greffe du tribunal de commerce, dans les trois jours, de la cessation des payemens. Ils ont enfin mauvaise grace à présenter ensuite à l'appui de leur demande en report de date de l'ouverture de la faillite, l'acte d'arrangement amiable qu'ils avaient eux-mêmes signé.

Les reports d'ouverture de faillite ne peuvent que jeter le trouble et l'inquiétude chez tous ceux qui ont traité de bonne foi avec un homme ostensiblement à la tête de ses affaires; aussi les tribunaux ont senti qu'il serait dangereux de les prononcer trop facilement, et en l'absence de dispositions précises de la loi, la jurisprudence a établi qu'il fallait une cessation complète de payemens pour constituer l'état de faillite; or, comme la cessation n'est presque jamais complète et que divers payemens ne manquent pas d'être faits par un commerçant laissé, postérieurement à la suspension de payemens, à la tête de ses affaires, il en résulte que le point de fait sur lequel reposent les jugemens de report d'ouverture, a toujours en lui-même quelque chose de vague et d'indéterminé, qui laisse trop de marge à des décisions arbitraires.

Le report d'ouverture d'une faillite a le même effet que pourrait avoir un jugement d'interdiction qui ferait remonter l'effet de l'interdiction au jour où le prodigue aurait commencé à entamer follement son patrimoine (1); il y a là enfin quelque chose qui répugne au sentiment d'équité, et c'est ce même sentiment qui empêche de donner à une loi nouvelle un effet rétroactif.

Les cessations de payemens n'amènent pas de déclaration immédiate, parce qu'il y a toujours espoir de la part de toutes les parties que les payemens ne sont que suspendus : le mot de suspension de payemens est en effet beaucoup plus usité dans le commerce que celui de cessation.

Les créanciers, lorsque cette suspension de payemens arrive, reculent non seulement de-

(1) Les prodigues ne sont plus interdits; mais on les pourvoit d'un conseil judiciaire, sans l'assistance duquel ils ne peuvent valablement contracter; l'effet est le même, et la comparaison peut subsister.

vant les frais et les lenteurs d'une instruction judiciaire de faillite, mais aussi devant le travail et les soins personnels que la faillite exige d'eux. Le temps des commerçans a besoin d'être entièrement dévoué à leurs propres affaires; s'ils éprouvent une perte par une faillite, ils en ressentent au premier moment beaucoup d'humeur, quelque chagrin peut-être, mais bientôt ils font une large part au mal, et ne cherchent à le réparer que par de nouveaux travaux ; les affaires de la faillite sont négligées par eux et ils ne songent qu'à en terminer promptement, soit par un concordat, soit même par un arrangement amiable. C'est ici le cas de dévoiler comment en effet beaucoup de faillites se terminent ainsi sans avoir même été complètement instruites.

Lorsqu'une liquidation amiable est entravée par des poursuites individuelles, et lorsque la résistance opiniâtre de quelques créanciers rend impossible de la continuer, la déclaration de cessation de payemens et le jugement déclaratif de faillite qui s'ensuit, ne sont souvent que des argumens employés pour persuader aux créanciers récalcitrans de consentir aux conditions qui conviennent à la majorité. Les négociations continuent en ce sens après même la déclaration de faillite, et, dans ce cas, toute l'insistance du juge-commissaire est impuissante pour arriver à la clôture du procès-verbal de vérification des créances ; on ne veut pas que l'expiration des délais de mise en demeure rende définitif le jugement déclaratif de l'état de faillite. Aussitôt donc que l'on a obtenu toutes les signatures pour l'arrangement amiable, on emprunte le nom de l'un des créanciers portés sur le bilan, l'on forme opposition à ce jugement ; le syndic se présente pour s'en rapporter à justice, déclarant qu'il est à sa connaissance qu'aucun des créanciers ou prétendus tels ne réclame rien ; le failli lui-même est porteur de tous les titres acquittés, et en présence d'une comédie jouée ainsi avec un ensemble parfait, le tribunal est forcé de dire qu'une faillite ne pouvant exister sans créanciers, il n'y a réellement pas faillite, et le jugement qui en avait prononcé l'ouverture est en conséquence déclaré nul et comme non avenu.

" D'après une interprétation rigoureuse de la loi, les payemens faits postérieurement à la faillite ne sauraient être un moyen de la terminer, sans que toutes les formalités de l'instruction aient été remplies, mais lorsque toutes les parties sont d'accord, lorsqu'il n'y a aucune apparence de fraude ou d'inconduite, obtiendra-t-on d'un tribunal composé de commerçans de maintenir un état de faillite, que le mauvais vouloir de tous rendrait ensuite interminable ?

Le tribunal de commerce de Paris se montre très-exigeant sur les preuves à l'appui d'une opposition ainsi formée à un jugement déclaratif de faillite ; mais il est impossible de paralyser complètement l'effet de ces oppositions. De même qu'il sera impossible d'obtenir qu'un tribunal prononce une mise en faillite, basée sur la simple notoriété de cessation de payement mentionnée en l'article 449 du code de commerce et en l'absence de toute provocation de la part des parties intéressées.

Ainsi l'arrangement amiable est constamment le vœu du commerce dans les mauvaises affaires ; la preuve en ressort des retards presque toujours apportés à la déclaration de faillite, de la persévérance à faire de semblables arrangemens pendant l'existence même de la faillite ; enfin de la facilité, qu'on pourrait qualifier de scandaleuse, avec laquelle les concordats sont journellement consentis sur la promesse des plus minces dividendes.

Plusieurs bons esprits se sont demandé si la loi ne pourrait pas reconnaître un état intermédiaire de débiteur en suspension de paiemens qui ne serait cependant pas l'état de faillite. Cela rencontrerait beaucoup de difficultés sans doute dans l'application ; mais en tous cas, ne pourrait-on pas au moins se poser la question de savoir, s'il ne serait pas plus conforme aux usages et aux vœux du commerce de modifier le point de départ de la loi, en substituant à la disposition que *tout commerçant qui cesse ses payemens est en état de faillite*, une disposition portant que tout commerçant qui *cessera ses payemens devra être déclaré en état de faillite*.

L'état de faillite résulterait alors du jugement déclaratif et non plus de la cessation de payement elle-même. Faire dépendre la faillite du fait seul de la cessation, c'est se mettre en opposition avec ce qui se passe dans la pratique ; ce n'est là réellement, comme nous l'avons dit en commençant, qu'une fiction légale.

La justice n'aime que la vérité ; aussi les fictions lui sont rarement de bon secours ; et nous verrons bientôt que d'autres fictions introduites dans la législation sur les lettres de change et billets à ordres viennent encore augmenter le nombre des faillites interminables.

§ 3.

L'état de faillite est applicable exclusivement aux commerçans.

Les commerçans seuls sont passibles de l'état de faillite ; un non-commerçant qui se trouve dans l'impossibilité de faire face à ses dettes tombe en état de déconfiture et peut recourir à la cession de biens ; cependant diverses circonstances amènent beaucoup de non-commerçans à déposer leurs bilans au greffe du tribunal de commerce, avec déclaration de cessation de payement, et par là vient s'augmenter le nombre des faillites, et le plus souvent de celles qui sont interminables.

Ce fait est incontestable en lui-même, mais

s'il venait à être révoqué en doute, il suffirait de citer, au moins comme exemple, les maîtres de pension. Les Cours royales n'admettent point que les chefs d'institution soient commerçans, par le motif que l'enseignement et la diffusion des lumières est pour eux le principal, et que la spéculation sur le logement et la vie matérielle des élèves ne saurait être que l'accessoire.

Sans doute le professeur qui donne des leçons ne fait point en cela acte de commerce; mais en est-il de même lorsque, renonçant à ses travaux littéraires, il se décide, dans la vue évidente d'accroître sa fortune, à former une grande entreprise, pour laquelle il lui faudra mettre dehors des capitaux plus ou moins importans? Lorsqu'il prend à sa charge des loyers dix fois plus élevés que ceux qui seraient nécessaires pour sa famille; lorsqu'il achète un mobilier considérable pour l'usage des élèves qui lui seront confiés. Lorsque enfin il donne des salaires aux nombreux employés dont le concours lui est nécessaire dans son exploitation?

Le tribunal de commerce de Paris, frappé de ces considérations, a souvent prononcé des condamnations avec stipulation de contrainte par corps contre les chefs d'institution, en les regardant comme de véritables commerçans; la cour royale a infirmé ces jugemens. Cependant plus tard ces mêmes maîtres de pension, qui avaient sollicité de tels arrêts pour se soustraire à l'exécution de la contrainte par corps, se voyant dans l'impossibilité de continuer leur exploitation, sont venus faire au greffe du tribunal de commerce déclaration de cessation de payemens, prenant ainsi, et pour l'acte le plus triste de la vie commerciale, qualité de commerçans. Leurs faillites ont été déclarées, et la Cour royale a connu ensuite des contestations qui se sont élevées pendant le cours de l'instruction de ces faillites. Il y a là véritablement et dans le fait en lui-même une espèce de scandale judiciaire.

Du reste, s'il est à désirer que la loi ou la jurisprudence adopte une appréciation plus rationnelle des faits en ce qui touche la qualité des chefs d'institution, il y a d'autres causes qui augmentent encore le nombre des faillites déclarées pour des gens qui ne sont réellement pas commerçans, et comme ces causes tiennent à l'essence même de la législation, aucun changement de jurisprudence ne saurait y apporter remède. Nous voulons parler de ce qui concerne les lettres de change et billets à ordre.

§ 4.

Effets de la législation en matière de lettres de change et billets à ordre, sur le nombre des faillites.

Les effets de commerce, et l'on comprend sous ce nom générique aussi bien les billets à ordre que les lettres de change, consistent dans l'engagement pris par un souscripteur de faire payer une somme déterminée d'argent en un lieu et à une époque indiqués; leur caractère principal est d'être transmissibles par voie d'endossement et sans aucune des formalités nécessaires au transport d'une créance ordinaire. Cette faculté de transfert par voie d'endossement donne aux engagemens ainsi souscrits presque tous les caractères d'une véritable monnaie; monnaie commode, légère, et qui voyage rapidement d'une ville à l'autre et même à l'étranger.

Une lettre de change créée ne constitue pas une valeur nouvelle ; elle représente seulement la portion de capital qui, après avoir passé de mains en mains, doit venir enfin pourvoir à son payement à l'échéance ; mais de même qu'une pièce de monnaie peut dans une seule journée servir de payemens à vingt achats successifs, de même la lettre de change peut, entre l'époque de sa création et celle de son échéance, servir aux payemens différens de vingt transactions diverses. L'invention de la lettre de change a été pour le commerce ce que l'invention de l'imprimerie a été pour les sciences ; les communications sont devenues faciles, rapides entre les commerçans. Au moyen des endossemens, l'effet de commerce voyage, ainsi que nous l'avons dit, d'un pays dans un autre; c'est une monnaie commune au monde commercial, et il en résulte que les règles qui font loi sur cette matière, forment en quelque sorte une portion du droit commun des nations commerçantes ; et que celle qui voudrait introduire des règles ou des entraves particulières, pour ce qui concerne ce genre de contrat, se trouverait constamment entravée dans l'application de ces dispositions exceptionnelles par la nécessité d'en revenir au droit général, naturel et seul équitable sur la matière. Autrement elle resterait dans un état d'infériorité positif, en ce que ses lettres de change n'obtiendraient qu'un cours difficile chez les autres nations.

Nous éprouvons des embarras de ce genre en France par suite de la distinction établie par le code de commerce entre la lettre de change et le billet à ordre. Cette distinction est-elle en effet basée sur des différences réelles ? Quelque avantage résulte-t-il dans la pratique de son admission ? Il n'est pas sans intérêt pour le sujet qui nous occupe d'examiner ces deux questions.

Ainsi que nous venons de l'énoncer, les deux caractères distinctifs, les seuls importans, dirons-nous, pour les effets de commerce, sont d'abord de faire trouver le payement à une époque précise en un lieu déterminé ; deuxièmement, d'être à ordre, c'est-à-dire transmissibles par endossement. Ce sont là les seules qualités qui les rendent propres à usage de monnaie, et peu importe ensuite que leur création première se rapporte ou ne se rapporte pas au transport de valeur d'une ville dans une autre. Pendant l'espace qui s'écoule entre leur création première et l'échéance, les billets à ordre, aussi bien que les lettres de change, peuvent servir plus d'une fois à représenter de semblables transports. Ainsi, par exemple, les effets payables dans Paris font office de monnaie pour les transactions en marchandises dans presque toutes les villes de commerce de France, et l'on peut dire hardiment que, si ce n'est en somme au moins en nombre, les billets à ordre y prennent une plus grande part que les lettres de change proprement dites.

Un exemple de la circulation à laquelle un billet à ordre peut servir avant d'arriver à échéance montrera le peu de différence qu'il y a entre les deux sortes d'effets de commerce. Un épicier en détail de Paris ayant acheté un millier de sucre en pains, souscrit un billet de 1000 fr. payable à trois mois à l'ordre de l'épicier en gros qui le lui a vendu. L'épicier en gros, débiteur envers une maison de Rouen pour du sucre brut qui lui a été envoyé de cette ville, fait remise du billet de 1000 fr., bien que payable dans Paris, à son correspondant à Rouen. Celui-ci, à son tour, qui a fait au Hâvre une demande de coton en laine, endosse le billet au négociant commissionnaire auquel il s'est adressé. Le négociant du Hâvre l'envoie à Lyon comme portion de payement d'une partie de soieries, et comme l'échéance approche, un Lyonnais le renvoie enfin à Paris pour solder le prix d'une rente sur l'état qu'il donne ordre d'acheter. Le jour de l'échéance arrive et ce même billet, qui a servi ainsi à quatre opérations de transport d'une ville à une autre, se trouve dans le portefeuille d'un garçon de recette de la banque de France, côte-à-côte avec une lettre de change qui n'a servi peut-être qu'à une seule opération de ce genre.

La grande distinction que l'on a prétendu établir en regardant le change de place en place comme formant le caractère spécial et dominant de la lettre de change en opposition avec le billet à ordre, ne repose donc en réalité sur rien de raisonnable dans la pratique. Aussi cette distinction n'est-elle point faite dans la législation des peuples commerçans qui nous entourent. Le change de place en place n'est nullement nécessaire en Angleterre, par exemple, pour donner à la lettre de change son véritable caractère.

Du reste le but que les législateurs se sont

proposé en établissant une distinction entre les deux sortes de titres à ordre est loin d'avoir été atteint ; puisqu'il s'agissait uniquement pour eux d'empêcher que la contrainte par corps ne vînt à être appliquée à des souscripteurs ou endosseurs qui ne seraient point commerçans. Ils ont voulu s'opposer à ce que ces non-commerçans pussent chercher un moyen de crédit, dans une soumission volontaire à cette voie de contrainte, par la simple souscription de billets à ordre.

On voit, en effet, dans l'exposé des motifs qui accompagnait la présentation du code de commerce, qu'à l'époque de sa rédaction, les organes du commerce demandaient généralement que le billet à ordre fût en tout assimilé à la lettre de change, et que ce fut à la suite de longues discussions que l'on décida que l'assimilation ne serait point faite. En conséquence le billet à ordre dut être considéré comme contrat civil, toutes les fois qu'il ne serait pas créé par des commerçans ; la connaissance en fut attribuée seulement pour ce dernier cas aux tribunaux de commerce ; il fut dit toutefois que ces tribunaux pourraient en connaître aussi à l'égard des non-commerçans, mais seulement lorsqu'ils porteraient en même temps des signatures de commerçans, et avec cette réserve que la voie de contrainte pas corps ne serait dans ce cas ordonnée qu'à l'égard de ces derniers.

« C'est accorder au commerce tout ce que » son intérêt bien entendu exigeait de la loi » (disait-on dans l'exposé des motifs).... Aller » au-delà, c'était mettre les individus non- » négocians dans le cas de ne pouvoir plus se » servir d'un papier qui, avec un usage mo- » déré, peut leur être utile dans leurs trans- » actions sociales... Aller au-delà, c'était éten- » dre la faculté de se soumettre à la contrainte » par corps, quand il est dans l'intérêt de » l'état et dans nos mœurs qu'elle soit limi- » tée.... C'est donc par des considérations » d'ordre public que la loi a refusé d'assimiler en » tout le billet à ordre à la lettre de change. »

Mais en établissant une distinction entre les deux titres et en donnant un caractère constamment commercial à la lettre de change, on est tombé précisément dans l'inconvénient que l'on voulait éviter. On a considéré comme fait commercial, soumettant à la chance d'application de la contrainte par corps, toute coopération à une lettre de change ; et l'on n'a pas songé que l'on entravait par-là l'usage que des individus non-commerçans pouvaient occasionnellement faire avec utilité de ce papier dans leurs transactions civiles ; et l'on a en même temps rendu facile de se soumettre volontairement à la contrainte par corps, puisqu'il ne s'est plus agi pour cela que de la forme du titre, plutôt que du fond même de l'opération.

Depuis la promulgation du code, Paris a été en effet inondé de ces lettres de change tirées de Versailles, Saint-Germain ou Bercy, qui ne sont autre chose au fond que des reconnaissances d'emprunt, pour lesquels on a voulu se soumettre à la contraite par corps. Ces titres ne manquent pas d'être réguliers en la forme ; l'usurier et le dissipateur se sont entendus au moment de la création de la lettre de change pour tromper la justice ; plus tard, la demande en payement est présentée par un tiers porteur, et dans ce cas les présomptions du juge ne sausaient être assez précises, pour motiver l'application de l'article 112 et faire déclarer que de semblables lettres de change ne sont que de simples promesses.

Mais dans d'autres cas aussi la lettre de

change tirée sans supposition de lieu peut n'être point de la part de l'une des parties un acte de commerce. Ainsi le rentier qui vit loin de Paris et qui fait traite, pour le montant d'un semestre, sur le receveur de rentes qui est chargé par lui de toucher au trésor, ne fait point acte de commerce ; et cependant la loi le soumet à la contrainte par corps.

Il eût été plus simple et plus conforme à l'état des choses, d'attribuer dans tous les cas la connaissance des contestations relatives aux billets à ordre aussi bien qu'aux lettres de change aux tribunaux de commerce, à cause de la forme éminemment commerciale des titres, sauf à ne faire prononcer la condamnation avec contrainte par corps que contre les seuls commerçans.

L'application de la contrainte par corps se serait trouvée alors restreinte aux seuls cas, auxquels en réalité on a voulu qu'elle fût applicable. Au lieu de cela les dissipateurs qui ne trouvent plus de prêteurs assez confians, pour se contenter des garanties que peuvent présenter des biens déjà follement dissipés, viennent chercher dans la législation sur les lettres de change un moyen de se soumettre à cette voie de contrainte. Des condamnations qui se succèdent rapidement pour défaut de payemens de leurs lettres de change les conduisent bientôt sous les verrous. C'est alors que pour se soustraire aux poursuites individuelles de ses créanciers, et dans l'espoir d'arriver à obtenir un saufconduit, le dissipateur incarcéré envoie au greffe du tribunal de commerce une déclaration de la cessation de ses payemens; payemens qui par le fait n'avaient jamais commencé. Le tribunal ne peut se refuser à prononcer une mise en faillite; et cependant, malgré les prétendus actes de commerce auxquels le dissipateur s'est livré, suivant la loi, il n'est réellement pas commerçant; aucune des dispositions sur les faillites ne lui est applicable, et l'on est forcé de reculer devant l'appréciation de tous les cas de banqueroute qui ressortiraient d'une semblable faillite. C'est ainsi que se trouve augmenté le nombre des faillites interminables, qui restent inscrites aux greffes des tribunaux de commerce. Et n'est-ce pas ici le cas de désirer que la loi vienne s'harmoniser avec les faits?

C'est par une préoccupation qui tenait à l'époque où le code de commerce a été rédigé , que les billets à ordre ont été considérés comme engagemens civils toutes les fois que l'on ne justifiait pas qu'ils avaient été souscrits pour des opérations commerciales. Il résulte de cette manière d'envisager ces effets que les tribunaux de commerce sont à leur égard incompétens à raison de la matière, lorsqu'ils n'ont point été souscrits ou endossés par des commerçans; et cependant par diverses circonstances de procédure il peut arriver souvent que ces tribunaux soient amenés à juger au fond à l'égard de billets à ordre, alors même qu'aucun signataire commerçant ne figure au titre.

Ainsi, par exemple, un tiers porteur assigne devant un tribunal de commerce deux signataires d'un même billet auxquels il donne la qualification de négocians bien qu'ils ne le soient ni l'un ni l'autre, comme si nous supposons le souscripteur musicien et le bénéficiaire médecin. Au premier appel de la cause le médecin seul se présente et demande à être renvoyé devant le tribunal civil; mais attendu que sur le titre figure un autre assigné qui ne vient pas décliner la qualité de commerçant, le tribunal retient la connaissance du litige et condamne le défaillant par corps en ne condamnant toutefois le médecin que par les voies de droit seulement. Plus tard et lorsque l'on veut mettre la condamnation à exécution contre le musicien, celui-ci met opposition au jugement et revient devant le tribunal de commerce; là il oppose à son tour l'incompétence en prouvant qu'il n'est pas commerçant et en invoquant le jugement même qui a reconnu que cette qualité n'existait pas non plus en la personne du médecin; il soutient dès lors avec raison que sur le titre ne figure aucune signature de commerçant, que le billet à ordre étant d'après la loi un engagement civil le tribunal de commerce n'en doit pas connaître.

Quelque décision que le tribunal prenne dans une semblable occurrence, il jugera toujours d'une manière contraire aux intentions du législateur. Ou bien il dira qu'un jugement contradictoire avec l'une des parties ayant décidé qu'il connaîtrait de l'affaire au fond, il doit retenir la connaissance à l'égard même du musicien; et il en résultera qu'il aura jugé ainsi un médecin et un musicien à l'occasion d'un contrat purement civil, ce qui est en dehors de ses attributions.

Ou bien le tribunal se déclarera incompétent à l'égard du musicien, après avoir décidé par un jugement contradictoire et définitif à l'égard du médecin; et dans ce cas, deux tribunaux différens se trouveront avoir à juger alors qu'il s'agit d'une seule demande en condamnation solidaire contre deux individus pour un même billet à ordre; ce qui serait encore plus en opposition avec l'intention du législateur.

De tout cela ne résulte-t-il pas qu'il y aurait lieu d'attribuer aux tribunaux de commerce exclusivement la connaissance de tout ce qui concerne les lettres de change et billets à ordre, ces deux sortes de papier étant éminemment à l'usage du commerce; sauf à ne rendre toutefois la contrainte par corps applicable qu'aux seuls commerçans?

La loi se rapprocherait ainsi davantage des faits, l'on verrait quelques faillites de moins, et les dissipateurs ne pourraient plus venir chercher un refuge dans les dispositions bienveillantes et protectrices qui seraient introduites dans la loi en faveur du commerçant failli, qui peut n'être que malheureux.

§ 5.

De l'effet de la faillite sur les sociétés commerciales, et du concordat.

La partie qui traite des sociétés est sans contredit une des plus incomplètes du code de commerce, et une révision lui serait au moins aussi nécessaire qu'au livre des faillites; particulièrement pour ce qui concerne la juridiction arbitrale, à laquelle appartient forcément toute contestation entre associés pour raison de la société. Mais pour nous renfermer dans le sujet qui nous occupe, il ne sera pas inutile de remarquer que rien n'a été prévu, ni au titre des sociétés ni au livre qui traite des faillites, sur les effets et les conséquences de la faillite relativement aux sociétés commerciales.

La loi actuelle qui régit les faillites ne mentionne la possibilité de l'existence d'une société en noms collectifs, que pour prescrire au failli, par l'article 440, et lors de la déclaration qu'il doit faire au greffe du tribunal de commerce de sa cessation de payemens, d'indiquer le domicile de ses associés solidaires, s'il en a. Il n'est plus ensuite question du failli dans les dispositions qui régissent l'instruction de la faillite, que comme d'un individu isolé.

Les rédacteurs des nouveaux projets, se sont aperçus de l'inconvénient qui pouvait résulter en certains cas, de l'absence de toute stipulation spéciale, pour les faillites de sociétés composées de plusieurs gérans; mais reculant devant les questions ardues que peut présenter cette partie du sujet, ils se sont bornés à introduire une disposition qui autoriserait un concordat particulier entre chacun des associés faillis et les créanciers de la société. Cette disposition, dépourvue de développemens suffisans, a déjà été l'occasion d'une polémique intéressante entre deux de nos jurisconsultes les plus distingués (1); quelques considérations appuyées sur la pratique pourront peut-être jeter du jour sur cette partie délicate de la discussion.

La société de commerce est régie par le

(1) M. Bravard, professeur à l'école de droit, et M. Horson, avocat à la cour royale de Paris.

droit civil toutes les fois qu'il y a absence de dispositions spéciales dans la loi commerciale. On ne trouve rien dans le code de commerce sur la manière dont les sociétés prennent fin; mais l'article 1865 du code civil, porte que la société finit, entre autres circonstances, par la déconfiture de l'un des associés; à plus forte raison prend-elle fin lorsqu'elle tombe elle-même en état de déconfiture. Or la faillite n'étant autre chose que la déconfiture d'une société commerciale, n'est-il pas naturel de penser que la faillite met fin à cette société? Dans cette hypothèse toute l'instruction de la faillite et toutes les conséquences des actes passés entre les créanciers et les faillis, ou par les créanciers entre eux à l'occasion de la faillite, peuvent être considérés comme des phases et circonstances diverses de la liquidation de la société. Ainsi, et lorsqu'on arrive au jour de la délibération sur le concordat, il s'agit pour les créanciers, d'apprécier si les faillis présentent assez de garanties positives ou morales pour qu'on puisse traiter sûrement à forfait avec eux des résultats probables de la liquidation, par abandon de l'actif social, contre promesse de payement de certains dividendes à des époques déterminées. Les membres d'une société en faillite sont alors appelés à s'entendre, pour venir faire des offres à leurs créanciers; mais si la société a pris fin par la faillite, elle peut donc ressusciter par le concordat; et dans ce cas il devrait s'ensuivre que cette société continuerait forcément, au moins comme en liquidation, jusqu'au payement du dernier dividende.

Il arrive rarement dans la pratique que deux commerçans qui ont fait faillite en société, puissent s'entendre ensuite pour travailler longtemps ensemble; et à peine le concordat est-il passé, qu'une séparation a lieu. Dans ce cas l'un des associés reste quelquefois en possession de tout l'actif social, avec la charge d'acquitter les dividendes promis par le concordat. Chacun de son côté fait alors des affaires nouvelles; chez l'un l'actif provenant de l'ancienne société se mêlera avec les valeurs que pourront fournir de nouveaux prêteurs, tandis que chez l'autre toutes les opérations seront indépendantes des affaires passées. Si plus tard, cependant, les dividendes promis ne sont pas payés et si le concordat vient à être annulé faute d'exécution, la position de toutes les parties se complique. En se reportant aux projets de lois qui ont été présentés aux chambres, on voit que les ermens de la première faillite se reprendraient s'il ne se présentait pas de créanciers nouveaux; mais que dans le cas contraire il y aurait faillite nouvelle; il se pourrait toutefois d'après ce que nous venons de dire, qu'il ne se présentât pas de nouveaux créanciers à l'égard de l'un des anciens associés, et qu'il s'en présentât à l'égard de l'autre; pour le premier suivrait-on donc les ermens de la première faillite, qui serait la faillite de la société, tandis que pour l'autre il y aurait lieu à faillite nouvelle?

Dans une autre hypothèse et lorsqu'une société en faillite se compose d'un associé gérant et d'un associé commanditaire, ce dernier reste tout-à-fait en dehors de la faillite et n'est point appelé au concordat; cependant si la société doit être regardée comme dissoute par la faillite et si elle n'existe plus que pour sa liquidation, il peut paraître étonnant qu'il dépende uniquement des créanciers et du gérant en faillite, de lui redonner la vie à l'égard même du commanditaire, au moyen d'un concordat. C'est cependant ce qui a lieu lorsqu'un concordat est accordé au failli, sur les propositions qu'il peut faire sous son ancienne raison sociale. Le failli concordataire devrait dans ce cas au moins suivre la liquidation, à charge de rendre compte ; car l'ancienne société n'ayant point été dépossédée par la faillite, s'il y avait excédant en fin de compte et après payement des dividendes, cet excédant devrait faire l'objet d'un partage. Si au contraire on voulait considérer le failli gérant comme étant le seul concordataire, il en résulterait que par le fait du concordat, on aurait fait perdre, au commanditaire la chance qu'il aurait eüe sous le contrat d'union, de voir la liquidation présenter une plus-value finale, et nous verrons plus loin que cette chance ne doit pas être considérée comme tout-à-fait illusoire dans les faillites de sociétés en commandite. Ce qu'il y a de certain, c'est que quelques dispositions manquent à la loi, relativement aux effets de la faillite sur les sociétés commerciales ; quelques-unes de ces dispositions trouveraient peut-être place au livre des faillites, et d'autres seraient sans doute mieux placées dans la partie du code de commerce qui traite des sociétés.

Une société composée de deux ou plusieurs associés gérans et solidaires est un être fictif distinct de la personne de chacun des associés; cet être fictif a un avoir composé des mises sociales et des valeurs qu'il a acquises, il a des ressources qui lui appartiennent et qui doivent faire face à ses dettes. En cas d'insuffisance de cet actif, les membres de la société sont tenus solidairement de compléter les valeurs nécessaires à l'acquittement de ces mêmes dettes; mais ils n'apportent en tous cas ces valeurs à la société, que sauf compte à faire entre eux et leurs co-associés. La société est seule débitrice directe de ses dettes et chaque associé individuellement peut à beaucoup d'égard être considéré comme caution solidaire de la société; cette solidarité empêche vis-à-vis des tiers qu'il ne puisse demander qu'on discute le débiteur principal avant de s'adresser à lui personnellement; mais au fond sa position est celle que nous venons d'indiquer. Lorsqu'une faillite vient à être déclarée; cette faillite est celle de la société, elle atteint directement la personne des associés gérans, et tout l'actif social; et c'est par suite de la solidarité qu'elle atteint également les biens particuliers de chacun. Le même individu ne pouvant être à la fois frappé d'incapacité, en qualité de commerçant pour la gestion de tous ses biens sociaux ou autres, qui forment gage pour les créanciers de la société, et en même temps considéré, en tant que personne civile, comme resté maître de la gestion de ses affaires personnelles, il faut reconnaître que la qualité de commerçant absorbe toutes les autres; que la faillite frappe l'individu en lui-même et lui ôte toute faculté de gestion et d'administration; mais cependant aussi, il y a toujours lieu à une liquidation particulière de sa position en dehors de la faillite, en même temps qu'à une liquidation pour les affaires sociales. Ce n'est pas pour cela qu'il soit nécessaire de déclarer une faillite particulière; il ne serait même pas rationnel de considérer un même individu comme sous le coup de deux faillites à la fois; mais en tous cas, que cet individu ait ou non des créanciers personnels et des biens en dehors de l'actif social, il conviendrait d'apurer sa position vis-à-vis de la société en faillite.

Ainsi un associé peut être débiteur de sa société pour une portion de sa mise sociale; il peut avoir complété cette mise, ou enfin il se pourrait qu'il eût versé des valeurs excédant cet apport, et qu'il fût alors en réalité créancier de la société.

Les créanciers sociaux agissent contre la société en faillite comme étant leur débitrice directe ; représentant ensuite cette même société, ils ont droit contre l'associé qui n'aurait pas fourni son apport complet ; pour tout le surplus ils puisent leurs droits contre les biens individuels, dans le principe de la solidarité, il est vrai ; mais chaque membre de la société en faillite peut au moins pour cela n'être considéré que comme subissant le sort d'une caution solidaire, car on ne vient prendre sur ses biens que par suite d'insuffisance d'actif liquide chez le débiteur principal, la société.

Ces points posés, il y aura toujours lieu au jour du concordat ou du contrat d'union à des stipulations particulières; d'abord entre les créanciers et la société en faillite, et ensuite entre ces mêmes créanciers et chacun individuellement des membres qui la composaient ; c'est là que se trouve, suivant nous, le principe du concordat individuel aux associés. Dans beaucoup de cas, ce concordat pourrait n'être qu'un article accessoire du contrat d'union. Il ne serait pas nécessaire, pour qu'il fût accordé à l'associé reconnu plus malheureux que coupable, que sa famille vînt le racheter par des sacrifices souvent impossibles; et les créanciers appréciant sa position individuelle relativement à la société, pourraient lui faire remise de la portion de dette qu'il encoure comme caution solidaire de cette société. Le contrat d'union s'établissant alors entre les créanciers à l'égard de la société seulement, les syndics définitifs ne recevraient pas d'avance dans ce cas mandat et qualité de gérans pour les biens qui pourraient survenir personnellement à celui des associés faillis qui serait ainsi concordataire.

Une faillite spéciale n'étant ni rationnelle ni nécessaire pour chacun des membres d'une société en faillite, les syndics provisoires devraient avoir toujours qualité pour représenter chaque associé et gérer ses biens personnels pendant l'instruction préalable de la faillite. Toujours aussi un appel spécial et une mise en demeure régulière, devraient être faits pour les créanciers privés de chaque associé; il n'y aurait pas lieu à un examen nouveau des créances admises au passif de la société, puisqu'elles sont de droit créances sur l'actif privé de chacun de ses membres, et il n'y aurait lieu à l'ouverture d'un procès-verbal spécial que lorsqu'il se présenterait des créanciers personnels. Dans ce cas aussi il serait bon d'appeler ces créanciers personnels une fois admis à faire choix d'un commissaire pour représenter et défendre au besoin en justice les intérêts de la masse personnelle, lorsque ces intérêts se trouveraient en opposition avec ceux de la masse des créanciers sociaux.

§ 6.

Suite du précédent, contrat d'union.

Lorsqu'un concordat n'intervient pas entre le failli ou la société en faillite et les créanciers, ceux-ci arrivent de droit sous le régime du contrat d'union. S'il s'agit d'une société, les syndics définitifs reçoivent alors mission de liquider tout l'actif social, et en même temps ils ont à faire valoir, tant les droits des créanciers que ceux de la société elle-même, contre chacun des membres qui la composaient; c'est en exerçant ce double droit qu'ils acquièrent la qualité de gérans et liquidateurs des biens personnels de chaque associé. Cette position distincte des syndics définitifs à l'égard de la société et à l'égard des associés en faillite, fait ressortir encore la justice qu'il y a à accorder la faculté des concordats particuliers, et montre que rien dans une semblable autorisation ne blesse les règles ordinaires du droit en matière de solidarité. La société dont l'associé concordataire lui-même faisait partie reste par le contrat d'union sous le coup de la dette tout entière, et la remise de tout ou portion de la dette faite à l'un des associés en dehors de sa qualité de membre de la société, n'est véritablement qu'une remise faite à une caution solidaire de tout ou portion de son engagement. Une renonciation de ce genre ne préjudicie en rien au débiteur principal; aussi les co-associés de celui qui obtiendrait un concordat particulier ne sauraient trouver dans les remises faites par ce concordat, aucun fondement pour soutenir qu'il doit en résulter une libération quelconque à leur égard.

Il est cependant un cas, que nous avons indiqué, et dans lequel le concordat individuel de l'un des membres d'une société en faillite, pourrait préjudicier aux droits de ses co-associés, c'est celui où il serait par le fait débiteur de la société pour défaut de complément de sa mise sociale. Dans ce cas en effet, les créanciers ne sauraient consentir envers un associé, à aucune remise sur la portion de sa dette concernant la mise sociale, sans que la condition de la société n'en fût empirée; car il est évident que les affaires n'ont été faites par la société que sur la foi que les mises sociales seraient complétées, et que par leur complément les dettes envers les tiers se trouveraient diminuées d'autant. Le concordat particulier ne devrait donc être possible qu'avec l'associé qui ne serait pas débiteur de la société.

Les droits de la société et de ceux de ses membres restés sous le coup du contrat d'union ne sauraient en effet être négligés, car il ne faut jamais perdre de vue que la faillite ne dépossède pas les faillis, que la liquidation se suit jusqu'à la fin pour leur compte, et que leur libération intégrale et définitive, quoique peu peu probable, doit toujours être considérée comme possible. La loi actuelle ainsi que les projets présentés perdent trop de vue cette possibilité du payement intégral des dettes, par suite de la liquidation qui se poursuit sous le contrat d'union, et plusieurs lacunes à cet égard restent encore à remplir.

Il est bon de rappeler ici en passant que le contrat d'union est la seule voie ouverte pour la liquidation, dans le cas de faillite d'une société anonyme, et qu'à moins de stipulations spéciales dans une loi nouvelle, presque aucune des dispositions relatives au concordat ne lui sont applicables. Une société anonyme n'est qu'un être fictif qui ne peut être présent en personne à une assemblée, auquel il ne peut être accordé de saufconduit, par la raison qu'il n'a pu être appréhendé au corps, pour être déposé dans une maison d'arrêt pour dettes; que l'on ne saurait guère déclarer excusable, et qui en définitive s'inquiète peu de la réhabilitation.

La société en commandite par actions se rapproche beaucoup sous ce rapport de la société anonyme, et les intérêts du gérant failli sont souvent minimes, comparés à ceux de la commandite. En général lorsque les associés sont nombreux le concordat est toujours difficile;

le contrat d'union intervient le plus souvent; et cependant, comme ces sortes de sociétés sont en même temps celles sur les opérations desquelles le plus de surveillances ont été appelées, il arrive souvent que leurs faillites présentent plus de ressources que toutes les autres.

Les archives du greffe des faillites au tribunal de commerce de Paris pourraient produire plus d'un exemple de faillites dans lesquelles, sous le régime du contrat d'union, il a été liquidé un actif suffisant pour éteindre tout le passif, en capitaux, intérêts et frais; cette fin possible devrait donc être prévue dans la loi. Ici nous retrouvons encore la difficulté de savoir comment la société en faillite peut être valablement représentée: les syndics définitifs ne sont que les représentans de la masse, ils exercent les fonctions de liquidateurs, parce que l'union des créanciers a été par le fait envoyée en possession du droit de gérer et liquider les biens de la société sa débitrice. Si les syndics définitifs ne doivent de compte qu'à l'union des créanciers dont ils sont les mandataires, cette union doit à la fin rendre, le cas échéant, compte à la société qui n'a pas été dépossédée par la faillite.

D'après l'usage et pour fixer les droits des

créanciers les uns à l'égard des autres, les intérêts ne sont admis avec les capitaux des créances que jusqu'au jour de la déclaration de faillite ; aussi lorsque les syndics définitifs viennent à recouvrer des fonds plus que suffisans pour éteindre tout le passif affirmé, les créanciers individuellement ne manquent pas d'assigner les syndics en demande d'un supplément d'admission, pour les intérêts jusqu'au jour du paiement. Les syndics ne sont cependant dans ce cas, que les représentans de ceux-là même qui les assignent ; on a soin, il est vrai alors, de mettre le failli personnellement en cause, mais lorsque c'est une société qui est en faillite, est-elle valablement représentée par son ancien gérant, et la faillite en mettant fin à la société, n'a-t-elle pas mis fin au mandat du gérant ? Enfin lorsqu'il s'agit d'une société anonyme, y a-t-il encore des administrateurs à pouvoir mettre en cause ?

Les mêmes difficultés se représentent plus tard lorsqu'il s'agit pour les syndics définitifs de rendre leur compte ; car si tous les créanciers qui composaient l'union ont été payés intégralement, l'union se dissout de fait et il ne se trouve plus alors aucun de ses membres qui consente à recevoir ce compte ; il faut forcément que les syndics appellent les faillis, et il faut aussi que ceux-ci aient qualité pour toucher un solde et donner quittance.

Dans la faillite déclarée il y a quelques années d'une compagnie d'éclairage par le gaz, dont la société était en commandite par action, il ne s'est point trouvé de gérant personnellement responsable; le failli n'a été en réalité qu'une masse d'actionnaires commanditaires ; ces actionnaires se sont réunis en assemblée et ont nommé des commissaires pour les représenter ; la liquidation a été heureuse sous l'administration des syndics provisoires et définitifs; une adjudication de l'usine , partie principale de l'actif, a été faite à prix élevé, et le produit a permis de solder tout le passif; des demandes en payemens d'intérêts ont été introduites; les commissaires de la commandite ont contredit pour la forme à ces demandes ; ils ont ensuite reçu le compte des syndics; un jugement du Tribunal de commerce les a autorisés à toucher le solde et à donner quittance, déclarant en même temps la faillite terminée par suite de l'extinction complète du passif ;

mais on peut dire que le bon accord de toutes les parties a fait créer et appliquer en même temps une véritable législation spéciale pour cette affaire.

Les questions relatives aux intérêts mériteraient aussi quelque attention. Il ne serait pas juste en effet, que lorsque des fonds suffisans sont recouvrés dans une faillite, le droit des créanciers aux intérêts de leur créance ne fût pas reconnu. La faillite leur a causé un dommage positif et lorsqu'il y a moyen de réparer ce dommage, il y a équité à le faire; or cette réparation ne saurait être autre, que le payement des intérêts. Mais en droit, toute créance n'entraîne pas intérêts; les protets sont nécessaires par exemple pour faire courir les intérêts du montant des lettres de change non-payées, et pourtant l'admission des acceptations non-échues d'un failli se fait le plus souvent sans que les titres aient été protestés, cependant tous les créanciers ont éprouvé, eu égard au montant de leur créance, le même dommage par le fait de la faillite. Il serait donc de toute équité, suivant nous, de considérer l'affirmation de la créance devant le juge-commissaire, siégeant au Tribunal assisté du greffier, comme une véritable demande en justice, ayant pour effet de faire courir de droit les intérêts, pour le cas où ils viendraient à pouvoir être payés; mais pour éviter le doute à cet égard la loi devrait s'en expliquer en termes formels.

§ 7.

Conclusion.

Les plaintes qui se sont élevées de tous côtés sur notre législation des faillites, et qui par leur concours ont amené à s'occuper de la modifier, ont tenu principalement à ce qu'un nombre considérable de faillites sont restées sans arriver à fin; beaucoup de ces faillites n'ont pas, il est vrai, passé l'agence et n'ont eu d'autre effet que de mettre des débiteurs de mauvaise foi à l'abri des poursuites individuelles de chacun de leurs créanciers. La seule cause réelle qui empêche les faillites de se terminer, est le manque de fonds pour subvenir aux frais que nécessite l'instruction judiciaire. Ce manque de fonds tient d'abord à ce que tout commerçant gêné cache le plus longtemps qu'il peut sa position embarrassée; à ce que plus tard les créanciers eux-mêmes et le débiteur déjà ruiné, s'entendent pour retarder, dans l'espoir de l'éviter, la déclaration de faillite, et à la fin à ce que le minime actif liquide qui peut rester encore est emporté par les premiers frais de justice.

Ce dernier inconvénient frappait tous les yeux, aussi est-ce à celui-là qu'on a songé à porter d'abord remède; on a senti que les faillites ne devaient pas être regardées comme présentant une source productive aux revenus publics; les impôts sur le malheur produisent peu, et il y a quelque chose d'immoral à imposer le naufrage : déjà les lois de finances ont rendu de véritables services en diminuant les droits d'enregistrement en matière de faillite. Une disposition bienveillante introduite dans les projets présentés, consisterait à autoriser le trésor public à rester en avance des premiers droits, pour être ensuite remboursé par privilége sur les premières rentrées; et cela faciliterait sans doute beaucoup la marche des petites faillites. Il n'est pas hors de propos d'observer ici que cette disposition bienveillante pourrait au reste trouver place dans une loi financière aussi bien que dans le livre des faillites du code de commerce.

Ainsi que nous l'avons dit en commençant, les principes sur lesquels notre législation des faillites est basée, sont bons en eux-mêmes; mais il existe de grandes lacunes dans les dispositions qui ont été prises pour faire à la pratique une juste application de leurs conséquences. Une révision de notre code à cet égard est vivement désirée; mais c'est une chose grave qu'une révision de ce genre. Une loi, lorsqu'elle prend son point de départ dans des principes justes, et lorsqu'il ne lui manque que de la précision dans les détails, se complète dans l'application, par l'interprétation équitable que lui donnent des juges consciencieux; la jurisprudence devient le complément de la loi. Lors donc que l'on veut substituer une nouvelle loi à une législation consacrée par une longue période d'application, il faut non seulement que la loi nouvelle soit meilleure que l'ancienne, mais il faut encore qu'elle soit aussi parfaite que le permet le moment où l'on est parvenu, afin que de long-temps ensuite on n'ait à faire un semblable travail. Une loi nouvelle en effet ne rend pas dès les premiers temps, et sur un sujet aussi compliqué que celui des faillites; tous les services qu'elle pourra rendre plus tard; quelques incertitudes arrêtent d'abord les juges sur l'application qu'il faut en faire aux cas imprévus qui ne manquent pas de se présenter; quelques décisions contradictoires sont successivement prononcées, il faut du temps, des années mêmes, pour qu'une saine jurisprudence s'harmonise et s'établisse. L'on veut perfectionner la législation? Pour cela une loi meilleure est insuffisante : il faut une loi parfaite.

Quelques points que nous avons indiqués suffisent peut-être pour montrer qu'une réforme dans notre législation sur les faillites serait incomplète, si la réforme ne s'étendait aussi sur quelques autres parties de notre code commercial. Un tiers de siècle sera tantôt fini depuis la promulgation de ce code de commerce, et quelle période fut jamais plus féconde en événemens de tous genres. Le nouveau monde, tenu sous clés par ceux qui s'en étaient emparés les premiers, a rompu ses entraves; des nations nouvelles, nombreuses, actives, ont remplacé quelques colons naguère clairsemés sur un continent immense; une longue paix a permis des communications de plus en plus fréquentes; les perfectionnemens dans les arts et l'industrie ont rendu les voyages plus faciles, plus courts, moins dispendieux; le commerce semble tendre à réunir en une seule nation tous les peuples divers. Dans ce mouvement général, la science du commerçant a fait des progrès aussi; avec une instruction plus saine, une équité plus grande et une droiture plus générale a présidé aux transactions, les usages commerciaux sont devenus uniformes dans le monde entier, et les affaires se traitent maintenant de même à Canton et à Lima qu'à Paris et à Londres; la lettre de change circule entre tous les pays, la législation qui la régit doit être cosmopolite comme elle.

Un esprit méthodique, un style concis et clair, distingue, sous le rapport de la législation, notre pays et notre langue. Si notre code de commerce n'est pas encore aussi près de la perfection que notre code civil, il a pu pourtant déjà servir de modèle à d'autres nations, et il présente tel qu'il est une base solide pour élever un monument plus parfait encore.

Une révision générale de ce code est donc à désirer, nous l'appelons de tous nos vœux ; mais qu'elle ne soit pas partielle, qu'elle soit complète, qu'elle soit mûrement méditée. Que chacun apporte son tribut de renseignemens à l'enquête intelligente qui doit précéder une rédaction nouvelle. Que l'usage soit bien connu, que l'usage soit bien analysé ; car l'usage, c'est la loi.

FIN.

BIBLIOTHEQUE ROYALE

PARIS. — IMPRIMERIE DE FÉLIX LOCQUIN,
16, rue N.-D.-des-Victoires.

www.ingramcontent.com/pod-product-compliance
Ingram Content Group UK Ltd.
Pitfield, Milton Keynes, MK11 3LW, UK
UKHW020329220726
13923UKWH00003B/1454

9 782329 056487